Der hermetische Bund teilt mit:
Sonderausgabe Nr. III

Yoga-Praxis
Ein Wegweiser zur Erlangung höherer Geisteskräfte

Durga-Prasad

Mein Dank geht an Peter Windsheimer für das Design des Titelbildes. Des Weiteren an Ariane und Michael Sauter.

Für Schäden, die durch falsches Herangehen an die Übungen an Körper, Seele und Geist entstehen könnten, übernehmen Verlag und Autor keine Haftung.

Copyright © 2012 by Christof Uiberreiter Verlag
Castrop Rauxel • Germany

Herstellung und Verlag:
BoD – Books on Demand, Norderstedt
ISBN 978-3-7386-1384-1

Alle Rechte, auch die fotomechanische Wiedergabe (einschließlich Fotokopie) oder der Speicherung auf elektronischen Systemen, vorbehalten
All rights reserved

Inhaltsangabe:

Original Titelbild.. 4
Vorwort... 5
  1. Was ist Yoga... 6
  2. Was ist zum Yoga notwendig.. 7
  3. Was ist der Zweck des Yoga.. 8
  4. Die Stellung von Körper und Seele zum Yoga............... 9
  5. Die Nahrung des Yogin... 10
  6. Einige große Irrtümer und deren Richtigstellung........... 11
  7. Einige Vorschriften des Hatha-Yoga über das Atmen.... 12
  8. Einige notwendige Eigenschaften................................. 13
  9. Das geistige Atmen... 15
 10. Der geistige Fortschritt.. 16
 11. Tugenden... 17
 12. Manas oder das Gemüt.. 18
 13. Selbstkontrolle.. 18
 14. Hellsehen... 19
 15. Konzentration oder Meditation..................................... 20
 16. Samadhi... 22
 17. Die Erlangung okkulter Kräfte...................................... 22
 18. Die Konstitution des Menschen.................................... 23
 19. Die verborgenen Kräfte im Menschen.......................... 25
 20. Die Nadis.. 27
 21. Die Plexus... 28
 22. Ida, Pingala und Sushumna... 29
 23. Das richtige Atmen... 30
 24. Die magischen Kräfte im Menschen............................. 31
Schluss... 33

Original Titelbild

Ein Wegweiser zur Erlangung höherer Geisteskräfte.

YOGA-PRAXIS

Von
Durgâ-Prasâd.

Motto:
Strebe nach dem, was in dir ist!

Verlag Hans Fändrich,
Leipzig.

Vorwort:

Motto: Strebe nach dem, was in dir ist!

Ich war richtig erfreut, als ich von Ariane erfuhr, dass das Buch „Yoga-Praxis" eines der wenigen ist, welches den Yoga in seiner wahren Form beschreibt. Als ich dieses Buch nach langem Suchen in die Hände bekam, sah ich, dass es die Gesetze der vier Tattwas (Elemente), der zwei Polaritäten – Ida und Pingala – und die Mitte durch Akasha vertritt. Nicht nur dies, es erwähnt auch die Zusammenhänge zwischen Körper, Seele und Geist und schließt sich nahe an die Lehren des „Adepten" von Franz Bardon an.

Wer der Autor Durga Prasad war, ist mir nicht bekannt. In einem Katalog des Antiquariat Lange stand, dass der wahre Name Durgaprasada Dvivedi lautet. Doch half mir das nicht weiter. Ich weiß nur, dass diese Schrift in Frater Johannes Werk „Praktische Vorbereitung zur Magie" im Literaturverzeichnis angeführt ist und im bekannten Verlag Hans Fändrich im Jahre 1924 veröffentlicht wurde, welcher mit dem noch bekannteren Pansophen H. Tränker „zusammengearbeitet" hatte.

Es freut mich umso mehr, dass manchmal zwischen all der unbrauchbaren Literatur auch eine hermetische Perle erscheint, die es Wert ist, gepflegt zu werden. Deshalb erscheint dieses kleine Büchlein erneut in unserem Verlag.

Hohenstätten

1. Was ist Yoga?

„Umfasse Mich mit deinem ganzen Herzen
und deinem ganzen Gemüt
und was immer du wissen willst,
das will Ich dir lehren."

Hermes Trismegistus

Die alten Weisheitslehren des Ostens haben in den letzten Jahrzehnten dem Westen viele Schätze ihres Geheimwissens übermittelt. Diese Lehren werfen auf die Mystik des Westens neues Licht und erklären vieles, was vorher unverständlich war. Die so einfach scheinenden Lehren bieten in Wirklichkeit den Schlüssel zur wahren göttlichen Magie, wenn die darin vorkommenden Übungen im rechten Geiste und in vollkommener Ergebung in das höchste Selbst des Menschen vorgenommen werden. Ob wir dieses höchste Selbst Christus, Jesus, Atma, Krishna, Brahma, Isvara oder anderswie nennen, tut nichts zur Sache.

Die rechte Yoga-Praxis besteht in bewusster Anstrengung nach Erkenntnis spiritueller Wahrheiten und in dem Streben nach der Vereinigung mit dem höchsten Wesen.

Wir unterscheiden zwischen Raja-Yoga und Hatha-Yoga. Letzteres ist ein System von Übungen, welche mehr die Beherrschung des Körpers und physischer Kräfte zum Zweck haben.

Zum Hatha-Yoga gehört z. B. Pranayama, welches ein Sanskritwort ist und wörtlich Hemmung (ayama) des Atmens bedeutet. Diese Methoden sind nicht ohne Gefahr zu befolgen, weshalb die großen Weisen das Hauptgewicht auf die innerliche Heiligung und Erhebung des Gemütes legten. Raja-Yoga oder königlicher Yoga ist die von allen wahren Weisen gelehrte Verbindung (Yoga) des menschlichen Bewusstseins (Wille, Verstand, Liebe. Der Hrsg.) mit dem universalen oder Gottesbewusstsein (Allmacht, Allweisheit, All-Liebe. Der Hrsg.), wobei das letztere das erstere absorbiert.

Es ist die bewusste Vereinigung des Menschen mit Gott. Es gibt verschiedene Arten von Yoga, d. h. je nachdem beim Yoga mehr die Kraft der Erkenntnis (Jnana) oder die Kraft der Liebe (Bhakti) oder das Tun (Karma) tätig ist, unterscheidet man Jnana-Yoga, Bhakti-Yoga und Karma-Yoga.

Die Bhagavad-Gita ist eins der besten Bücher, welche Raja-Yoga und die anderen behandeln.

Bei Jnana-Yoga tritt besonders das religiöse Denken hervor, bei Bhakti-Yoga mehr das religiöse Gefühl, die Hingebung und Liebe. Man kann deshalb Bhakti-Yoga als eine vorwiegend weibliche (=magnetisch), Jnana-Yoga als eine mehr männliche (=elektrische) Religionsübung betrachten. Beide Wege führen zuletzt zu demselben Ziele; denn die Liebe ist der Wille der Weisheit. Der Mensch wird das, was er liebt und was er zu erkennen strebt.

Auch durch Karma-Yoga kann die Vereinigung mit dem Höchsten erlangt werden. Hierüber heißt es in der Bhagavad-Gita: „Lass alle Sorgen und Zweifel fahren, indem du frei von aller persönlichen Erwartung und Selbstsucht alle deine Werke in Meinem (Gottes) Namen (in Meiner Kraft) tust, und dein ganzes Denken und Sinnen auf den Höchsten richtest." (III. Kap.)

Das Wort Religion (lat.) kommt her von religere, sammeln oder zurückbinden, und bezeichnet einen Bewusstseinsvorgang, die Wiedervereinigung des Menschen mit Gott. Es bedeutet die Verschmelzung der geistigen Seele (Buddhi – Manas) mit dem Geiste (Atma), indem sich der Allgeist im Yogin offenbart.

Wer sich dem Yoga weiht oder ihn vollbracht hat, wird ein Yogin genannt; der weibliche Ausdruck ist: Die Yogini.

2. Was ist zum Yoga notwendig?

Yoga fordert kein stumpfsinniges Dahinbrüten, oder ein Absterben der Verstandestätigkeit, sondern vielmehr eine Erhebung des Gemütes und eine Ausbildung der intellektuellen Kräfte, bis das ganze Wesen, der ganze Mensch, von der Erkenntnis der Wahrheit durchdrungen ist. Selbsterziehung, Erkenntnis des Wesens des Lebens und der menschlichen Natur, Selbstbeherrschung, Liebe zu allen lebenden Wesen sind für den, der Yoga üben will, Dinge von großer Wichtigkeit,

Je mehr der Mensch in der Erkenntnis wächst, desto mehr verschwindet vor ihm das Elend des täglichen Lebens.

Wenn man die Erkenntnis erlangt, dass der wahre Mensch niemals stirbt, wie kann man da noch Furcht vor dem Tode haben? Wenn man in sich selbst die Quelle aller Vollkommenheit gefunden hat, wie kann man da noch an den eitlen vergänglichen Dingen hängen?

Alles Elend und alles Leiden entstammen der Furcht und den unbefriedigten Wünschen. Wer diese beiden Ursachen des Bösen überwindet, für den gibt es kein Elend mehr.

3. Was ist der Zweck des Yoga?

Im Yoga gibt es verschiedene Stufen (vgl. die 10 Stufen im „Adepten"). Wir müssen Schritt für Schritt vorwärts gehen. Selbstbeobachtung und Selbsterkenntnis führt allein zum Ziele. Wenn wir uns selbst betrachten, so finden wir, dass sich das Wissen, welches wir als rationelles bezeichnen, nur auf das Bewusstsein bezieht. Es gibt aber einen großen Teil unseres Daseins und ein Wissen, dessen wir uns nicht bewusst sind. Wir sind uns der Personen und der Gegenstände, welche um uns herum sind, bewusst. Es sind das Dinge, die wir hören, sehen und fühlen können. Wenn Nahrung aufgenommen wird, geschieht dies bewusst, wenn sie aber assimiliert und ins Blut aufgenommen wird, so ist dies ein Vorgang, der meist ohne unser Bewusstsein stattfindet.

Dennoch kann dieser Vorgang von niemand anderem als von uns selbst ausgeführt werden, wenn wir nicht glauben wollen, dass es etwa mehrere Personen in diesem Körper gibt. Wir dürfen nicht etwa glauben, dass es nur unsere Beschäftigung sei, Nahrung aufzunehmen, während die Assimilierung der Nahrung und der Aufbau des Körpers aus der Nahrung von jemand anderem besorgt werde.

Ähnlich verhält es sich mit den verschiedenen Organen des Körpers, den verschiedenen Teilen des Gehirns und mit dem Gehirn selbst. Dieser Dinge sind sich die Menschen nicht bewusst.

Wir können es aber dahin bringen, dass alle unbewussten Funktionen und Handlungen zum Bewusstsein gebracht werden können. Jeder Teil des Körpers sogar das Herz kann dem bewussten Willen Untertan gemacht werden. Das ist der Zweck des Yoga.

Im gewöhnlichen Leben gehen die inneren Organe ihren eigenen Weg; keiner von den gewöhnlichen Sterblichen kann z. B. das Herz beherrschen. Durch die Yoga-Übungen erlangt der Mensch aber nach und nach die Fähigkeit, das Herz genau nach seinem Willen schlagen zu lassen, ja er

kann es sogar stille stehen lassen.
Alles dies bedingt eine **langandauernde, geduldige Schulung** und es mag wohl mancher dabei **Missgriffe** machen und sich **Schaden** zufügen.
Die Yoga-Übungen verleihen dem Menschen die Kraft, schon in diesem irdischen Körper vollkommene Seligkeit zu genießen.
Die Konzentration (Sammlung, Meditation) ist das Mittel, um Seligkeit und Erkenntnis zu erlangen. Je mehr wir uns auf einen Gegenstand konzentrieren, desto mehr erkennen wir seine innerste Natur. Der Äußerung seelischer Kraft ist keine Grenze gesetzt. Je mehr sie konzentriert ist, desto mehr Kraft strömt auf einen Punkt.

4. Die Stellung von Körper und Seele zum Yoga.

Ein Teil der Raja-Yoga-Übungen bewegt sich auf der physischen Welt. Es ist dies der kleinere Teil. Der Hauptteil ist seelisch-geistiger Natur.
Je weiter wir in dieses Gebiet eindringen, desto mehr erkennen wir den Zusammenhang zwischen Seele und Körper. Körper und Seele stehen in enger Wechselbeziehung. Die Seele wirkt auf den Körper und der Körper wirkt auf die Seele (über die astrale Verbindung. Der Hrsg.). Wenn der Körper krank ist, wird auch die Seele in Mitleidenschaft gezogen. Ist der Körper erregt, so wird die Seele, das Gemüt oder das Gedankenleben auch unruhig. Wird die Seele aus ihrer Harmonie gebracht, so kommt auch der Körper in Unordnung. Bei den meisten Menschen ist die Seele nur wenig entwickelt und es steht dieselbe fast völlig unter der Herrschaft des Körpers. Deshalb steht die Triebkraft der meisten Menschen nur wenig höher als die in den Tieren. Zur Erlangung der Herrschaft über die Seele können gewisse physische Hilfsmittel angewendet werden. Wenn der Körper dem bewussten Willen gehorcht und gesund ist, dann wird es leichter, auch die Seele zu erziehen.
Man nehme nur das an und übe, was man begreifen kann. Wobei den Yoga-Systemen Geheimniskrämerei getrieben wird, sollte man sich in acht nehmen. Innere Stärke ist der beste Führer im Leben. Geheimnistuerei schwächt die inneren Kräfte. Man meide alles, was schwächt und kümmere sich nicht darum. Wer Yoga üben will, muss auch physisch völlig gesund sein. In dem IV. Buche des Kui-te enthaltenen Kapitel über „Die Gesetze der Upasanas" erfahren wir, dass von dem Chela (Schüler) erwartet wird,

dass er auch physisch keine Krankheiten habe. Krankheiten und Gebrechen sind physische „Untugenden". Es wird da gesagt, dass ein ungesunder Körper nicht gut sei, um als Gefäß für das höhere Leben zu dienen. Er ist in Gefahr, unter der Wucht okkulter Kräfte zu zerspringen, ähnlich einem schadhaften Kessel, der durch den Druck des Dampfes zerstört wird. Auch Buddha sprach von der Notwendigkeit eines gesunden Körpers; er vergleicht letzteren mit einer Lampe, die, wenn sie brennen soll, rein und mit Öl gefüllt sein muss; ist sie mit Wasser gefüllt und schmutzig, so gibt sie kein Licht.

5. Die Nahrung des Yogin.

Auf die Nahrung muss auch geachtet werden. Es darf nur solche Nahrung aufgenommen werden, welche einen reinen Körper aufbauen hilft und so auch der Entfaltung des höheren Seelenlebens günstig ist. Was für verschiedenartige Charaktere durch die Nahrung gebildet werden, können wir an den Tieren beobachten. In den Menagerien z. B. sehen wir die Ruhelosigkeit der Tiger und Löwen, und die gewaltigen Elefanten, welch letztere aber sanft und geduldig sind.

Was wir brauchen, ist nicht rohe Stärke, sondern eine von Seelenkraft durchdrungene Gesundheit. Weniger Muskelkraft, dafür aber mehr Nerven- und Gehirnkraft sollen wir erwerben. Der Körper muss elastisch und widerstandsfähig werden.

In den von H. P. Blavatsky übermittelten östlichen Regeln für die Chelaschaft heißt es:

„Keinerlei tierische Nahrung, nichts, was Leben in sich hat, darf von dem Schüler genossen werden. Weder Wein, noch (sonstige) berauschende Getränke, noch Opium darf er genießen; denn dieselben sind wie die Lhamayin (bösen Geister), die sich an den, der nicht achtsam ist, anheften; sie verzehren die Vernunft."

H. P. Blavatsky fügt hinzu:

„Es heißt, dass Wein und andere berauschende Getränke den schlechten Magnetismus aller Menschen enthalten und bewahren, die bei der Fabrikation beteiligt waren, und dass das Fleisch eines jeden Tieres mit den psychischen Eigentümlichkeiten der betreffenden Tierart behaftet ist." („Praktischer Okkultismus").

Bei Beginn der Entwicklung innerer Kräfte müssen wir also dafür Sorge tragen, dass unsere Nahrung eine geeignete ist; später, wenn wir einmal weiter entwickelt sind, ist diese Sorgfalt nicht mehr so nötig.
Den unentwickelten Menschen kann man mit einer Pflanze vergleichen, welche umhegt sein muss, damit sie nicht verletzt wird. Ist sie aber zum Baum erstarkt, so kann man die Hecken entfernen; sie ist dann kräftig genug, um allen Anstürmen widerstehen zu können.

6. Einige große Irrtümer und deren Richtigstellung.

Hinter der Frage: „Wie kann ich meinen Fortschritt am raschesten fördern?", steckt sehr oft der Wunsch, das „Hexen" und „Zaubern" zu erlernen. Viele glauben, der geistige Fortschritt bestehe darin, dass man recht bald in den Besitz okkulter Kräfte gelange, um damit andere zu beherrschen. Es ist dies ein großer Irrtum, und wer dies allein für das Erstrebenswerte hält, wird auf den Weg zur schwarzen Magie und ins Verderben geraten.
Die Hauptsache ist die innere Reinigung; dann folgt die Erleuchtung. Ohne innere Reinigung gibt es keine Erleuchtung, keine wahre Weisheit, keine Erlangung weißmagischer Kräfte.
„Nur die, welche reines Herzens sind (=ausgeglichen), werden Gott schauen."
Es gibt heute viele Bücher, welche Hatha-Yoga lehren, wenngleich dies den Verfassern oft gar nicht bewusst war. Hierher gehören die Bücher über Atemkunst, welche angeblich Pranayama lehren. Dergleichen Bücher werden sehr oft missverstanden. „Prana" bedeutet das Leben und „ayama" den Tod, „Prana-yama" die Tötung des äußeren Lebens. Viele schädigen sich dadurch, dass sie das äußere Leben ertöten, bevor das geistige Leben in ihnen erwacht ist. Bei dem Atmen wird dreierlei Art unterschieden, welche einem regelmäßigen Wechsel unterworfen ist und dreierlei Gemütszuständen entspricht; nämlich den zwei Polarströmungen im Körper gemäß:
- bei Pingala ist der Atem rechtsseitig,
- bei Ida linksseitig,
- bei Sushumna in der Mitte.

Der Verschiedenheit des Atems entspricht die Verschiedenartigkeit der Bewegung von Prana im Menschen und im Universum.

Die höheren göttlichen Kräfte lassen sich nicht mit Gewalt in den Dienst eines Menschen zwingen, der noch von selbstsüchtigen Wünschen und Begierden erfüllt ist.

In einem begierdevollen Menschen kann die Weisheit, wie Buddha sagt, ebenso wenig wohnen wie die Vögel in einem brennenden Baume. Die „vier gewaltigen Kämpfe", (welche den vier Tattwas unterstehen. Der Hrsg.), die der Jünger bei der Läuterung seines Innenlebens zu bestehen hat, beschreibt Buddha in folgender Weise:

„Da weckt der Mönch seinen Willen, dass er

1. unaufgestiegene üble, unheilsame Dinge nicht aufsteigen lasse,
2. aufgestiegene üble, unheilsame Dinge vertreibe,
3. unaufgestiegene heilsame Dinge aufsteigen lasse,
4. aufgestiegene heilsame Dinge sich festigen, nicht lockern, weiter entwickeln, erschließen, entfalten, erfüllen lasse; er schreitet darum mutig vorwärts, rüstet das Herz, macht es kampfbereit." (Buddhas Reden, II, 320.)

7. Einige Vorschriften des Hatha-Yoga über das Atmen.

Das Hatha-Yoga-System hat, wie jedes andere Ding in der Welt, seine zwei Seiten. Was gebraucht werden kann, kann auch missbraucht oder aus Unwissenheit falsch angewendet werden.

Die Atemübungen, welche in der jetzigen Zeit von gewissen Vereinigungen, die sich „esoterisch" nennen, vorgeschrieben werden, können wohl jenen nützen, welche die nötige geistige Reife und Erfahrung dafür haben, haben aber unter unreifen Leuten viel Unheil angerichtet.

Vom physiologischen Standpunkte aus betrachtet findet beim Atmen weiter nichts statt, als dass die reine und sauerstoffreiche Luft in die Lunge eingeatmet wird, wobei ein Verbrennungsprozess stattfindet. Die dabei entstandene Kohlensäure wird ausgeschieden und das venöse Blut mit Sauerstoff bereichert. Da aber die Luft nicht nur materielle, sondern auch astrale und sogenannte geistige Elemente enthält, so wird, – wenn mit dem körperlichen Atmen auch zugleich ein geistiges (imaginatives) Atmen stattfindet – auch der Atralkörper ernährt, gestärkt und belebt.

Das Atmen soll wie folgt ausgeführt werden:
1. Langsames und tiefes Einziehen des Atems.
2. Anhalten des Atems, solange es keine Anstrengung verursacht.
3. Die Luft langsam und vollständig aus den Lungen entleeren.

Tiefes Einatmen bedingt gründliches Ausatmen. Damit die Verteilung und Assimilierung der eingeatmeten Elemente ruhig vor sich gehen kann, darf das Einatmen nicht zu schnell auf das Ausatmen folgen. Man bewahre stets ein ruhiges Gemüt. Jedes gewaltsame Vorgehen ist schädlich. Durch Ruhe des Gemütes kann bewirkt werden, dass auch das äußere Atmen ruhig wird. So kann auch durch freies Atmen bewirkt werden, dass Ruhe des Gemütes eintritt.

Geist, Seele und Körper sind im Menschen zu einem Ganzen verbunden und beeinflussen sich gegenseitig: Sie sollen in Übereinstimmung wirken, wodurch vollkommene Harmonie erzielt wird.

Freies Atmen fördert das freie Denken und konzentriertes freies Denken hat auf die Atemtätigkeit Einfluss. Ein Mensch, der in einen Gedanken vertieft ist, hält unwillkürlich den Atem an.

Das gewöhnliche äußere Atmen wird durch die organisierende Kraft der Natur vollzogen, ohne dass dabei der Mensch selbstbewusst mitwirkt. Anders ist es aber, wenn mit dem äußeren Atem zugleich ein geistiger Atem gepflegt wird. Dann hat es der Mensch in seiner Macht, gute Gefühle und Gedanken in sich aufzunehmen und dieselben seinem geistigen Organismus einzuverleiben, sowie diejenigen, welche nicht erhebend und für seine Entwicklung untauglich sind, auszustoßen.

Friedrich Rückert sagt: „Der Mensch atmet Erkenntnis ein und Liebe aus."

8. Einige notwendige Eigenschaften.

Uneigennützigkeit der Absicht, universelles Wohlwollen, Barmherzigkeit mit allen lebenden Wesen muss der Jünger besitzen.

Unter Uneigennützigkeit der Absicht ist zu verstehen: „Lass nicht die Frucht deines guten Handelns das sein, worauf du ausgehst."

H. P. Blavatsky zitiert eine hierher passende Stelle aus dem Briefe eines Meisters: „Es ist unmöglich, spirituelle Kräfte zu erlangen und anzuwenden, falls noch die geringste Beimischung von Selbstsucht in dem Betreffenden vorhanden ist; denn, wenn die Absicht nicht gänzlich lauter

ist, so wird sich der spirituelle Wille in den psychischen verwandeln und auf der astralen Ebene wirken, was schreckliche Folgen haben kann."
„Bevor du (der Lehrer) deinem Lanu (Schüler) die guten (heiligen) Worte des Lamrin (d. h. der praktischen Belehrungen) mitteilst . . . sollst du dafür Sorge tragen, dass sein Gemüt durch und durch gereinigt und in Frieden mit allem ist . . . Sonst werden die Worte der Weisheit und des guten Gesetzes sich zerstreuen und vom Winde verweht werden."
Die Hauptsache, um reif für Yoga zu werden, besteht also darin, dass jeder die Einheit des göttlichen Wesens in allen Geschöpfen erkennt und dieser Erkenntnis gemäß handelt – der Mikrokosmos passt sich den Gesetzen des Makrokosmos an. Alle persönlichen Rücksichten müssen zurücktreten, wenn es gilt, Großes zu erfassen und auszuüben.
Selbstbeherrschung, Charakterfestigkeit, Zielbewusstsein, innere Ruhe, Selbstvertrauen, Ergebung, Keuschheit, das Streben nach innerer Freiheit, Bescheidenheit, Wohlwollen, Barmherzigkeit, dies sind die nötigen Eigenschaften, ohne welche kein geistiger Fortschritt möglich ist. Jedes Religionssystem lehrt dieselben, jedermann kennt sie, aber nur von wenigen werden sie beachtet und befolgt.
Hierin besteht hauptsächlich Raja-Yoga, die königliche Kunst, welche jedem Menschen von seinem inneren Führer gelehrt wird.
Die Fähigkeiten und Kräfte der tierischen Natur (die astralen oder psychischen Kräfte) können sowohl vom Eigennützigen und Rachsüchtigen, als auch vom Uneigennützigen und Allesverzeihenden gebraucht werden; die Fähigkeiten und Kräfte des Geistes jedoch stehen nur dem zur Verfügung, der ein völlig reines Herz hat (= vollkommen ausgeglichen ist) – und das ist göttliche Magie.
Über universelles Wohlwollen, Barmherzigkeit gegen alle lebenden Wesen sagt H. P. Blavatsky (Brief an die Amerikanische Sektion der Theosophischen Gesellschaft, 1889): „Niemand vermag in das wahre innere Leben einzutreten, es sei denn im höchsten und wahrsten Geiste der Brüderlichkeit; jeder andere Versuch wird entweder umsonst sein, oder der Eindringling wird an der Schwelle zugrunde gehen."
Atemübungen gewähren am meisten Nutzen, wenn sie in Stunden innerlicher Ruhe und mit andächtiger Seele stattfinden.
Wer geistig-göttliche Kräfte erwerben will, um sie für seine eigennützigen Zwecke zu gebrauchen, hat am Ende nur Schaden davon. Wer unreine Gedanken und Begierden in sich trägt, oder dessen Ziel nur die Befriedigung seiner Neugierde ist, der zieht durch solche Übungen die

damit korrespondierenden schädlichen und niederen Elemente an, woraus nicht nur schädliche Wirkungen auf das Nervensystem und die Atmungsorgane entspringen, sondern wodurch auch die Seele vergiftet Wird. **Bei Personen, welche für ein Verständnis der Yoga-Praxis noch nicht reif sind und die hervorgerufenen okkulten Kräfte verkehrt anwenden, können Krankheiten der verschiedensten Art eintreten, ebenso zeigt sich dabei oft ein moralischer Niedergang, ja Besessenheit, Wahnsinn, Tod oder Selbstmord sind nicht selten.**

Erst in neuerer Zeit wurden die Yoga-Übungen einem größeren Publikum zugänglich gemacht. Zu allen Zeiten wurde diese Wissenschaft als heilig betrachtet, welche den Profanen, Unheiligen, Spöttern und Zweiflern niemals mitgeteilt werden durfte, um Unheil und Missbrauch zu verhüten.

Der Chela muss Wahrhaftigkeit und unerschütterliches Vertrauen in das Gesetz der göttlichen Gerechtigkeit (Karma) besitzen.

Er muss jenen Mut erwerben, der unter allen Umständen, selbst angesichts des Todes, unerschüttert bleibt.

Über den für die Initiation erforderlichen Mut sagt H. P. Blavatsky: „Wer die Macht seines unsterblichen Geistes völlig erkannte und nie auch nur für einen Augenblick an dessen allmächtigem Schutz zweifelte, hatte nichts zu fürchten; jedoch wehe dem Bewerber, dem die leiseste physische Furcht – diese schwächliche Ausgeburt des Stofflichen – den Ausblick und das Vertrauen auf die eigene Unverwundbarkeit nahm." (Isis entschleiert, II, 119.)

„Für den, der wahr und aufrichtig ist, der stets bestrebt ist, uneigennützig zu handeln, besteht keine Gefahr, denn er ist auf diese Weise von vornherein gegen jede Versuchung gewappnet."

„Furcht und Hass sind im Wesen dasselbe. Wer nichts fürchtet, wird nie Hass empfinden, und wer nicht hasst, wird nie Furcht haben." (Geheimlehre, HI, 541.)

9. Das geistige Atmen.

Zwischen dem Leben des inneren und des äußeren Menschen kann eine Vereinigung (Yoga) vor sich gehen und zwar dadurch, dass sich das äußere Atmen mit dem inneren oder geistigen Atmen harmonisch vereint. Geistig atmen kann aber nur der innere Mensch, nachdem er erweckt oder geistig wiedergeboren ist.

Durch „Panayama" kann die materielle Lebenskraft dazu verwendet werden, um das geistige Leben – die Aneignung von edlen Gedanken, Gefühlen und Charakterzüge – zu vermehren.

Wenn aber einem Menschen das geistige Leben fehlt, das er vermehren könnte, so kann durch die vorgenannten Übungen sehr leicht eine Störung der Nervenströmungen eintreten, woraus dann die verschiedenen Übel und Leiden entspringen, die bereits geschildert wurden.

Der Chela muss die intuitive Empfindung haben, dass der göttliche Geist (Atma) in ihm selber ist. In dem Briefe eines Meisters heißt es hierüber:

„. . . Wie viele unter euch haben der Menschheit auch nur die kleinste Bürde tragen helfen, und ihr betrachtet euch als Jünger der Theosophie? O, ihr Menschen des Westens, die ihr euch als Erlöser der Menschheit aufspielen möchtet, bevor ihr gelernt habt, auch nur das Leben einer Mücke zu schonen, deren Stich euch bedroht? Möchtet ihr an der göttlichen Weisheit teilnehmen und Jünger der Weisheit werden? Wohlan, dann Verhaltet euch wie die Götter, wenn sie sich verkörpern. Fühlt euch als die Träger der gesamten Menschheit, empfindet die Menschheit als einen Teil eurer selbst und handelt demgemäß . . ."

Das sind goldene Worte; möget ihr sie in euch aufnehmen!

Das sogenannte geistige Atmen, wobei der Jünger Liebe und Frieden allen Wesen zustrahlt, die sowohl unter ihm, als auch über ihm stehen, – wird von Buddha wie folgt gelehrt:

„Liebevollen, mitleidvollen, friedevollen, unbewegten Gemütes weilend, strahlt er nach einer, dann nach einer zweiten, dann nach der dritten, dann nach der vierten (Himmelsrichtung – Elemente), ebenso nach oben und nach unten (=Polarität): Überall in allem sich wiedererkennend, durchstrahlt er die ganze Welt mit liebevollem, mitleidvollem, friedevollem, unbewegtem Gemüte, mit weitem, tiefem, unbeschränktem, von Grimm und Groll geklärtem." (Vergl. Buddhas Reden, I. 58.)

10. Der geistige Fortschritt.

Der geistige Fortschritt kommt ganz von selbst, wenn der Mensch danach trachtet, stets nur gute Gedanken zu schaffen und in Gesellschaft solcher zu leben. Gesundes, harmonisches Denken macht auch den Körper gesund und harmonisch. Durch Unzufriedenheit, Melancholie, Hass, Pessimismus, Sinnlichkeit, Eitelkeit, Grübelei und alles, was dem Egoismus entspringt, werden Seele und Körper geschädigt.

Es gibt heutzutage sehr viele, welche stets nach neuen Vorschriften, nach neuen Büchern verlangen, ohne aber die einfachsten der bereits gegebenen Regeln zu befolgen.

In der Bibel ist eine hierauf bezügliche Wahrheit in folgenden Worten ausgedrückt: „Suchet vor allem das Reich Gottes (das Reich der Wahrheit), und alles Übrige wird euch gegeben werden (sobald ihr reif seid, es zu empfangen)."

Auch ist Bücherweisheit ohne Konzentration ebenso wirkungslos, wie Glaube ohne Werke. Ein vollständiges Wissen alles dessen, was jemals über Yoga geschrieben wurde, ist noch nicht im Stande, Macht zur Ausübung des Yoga zu geben. Raja-Yoga hat als Grundpfeiler Altruismus und Tugend, während Hatha-Yoga sich mehr mit physischen Bewegungen, Stellungen und Vorschriften befasst, die nur mit der gegenwärtigen (vergänglichen) Persönlichkeit zu tun haben.

11. Tugenden.

Es ist oft die Frage aufgeworfen worden, ob man durch die Ausübung der Tugend allein Erfolg in der Konzentration haben könne. Hierauf wäre zu erwidern, dass ein tugendhaftes Leben zweifellos sehr viel Verdienst schafft, aber allein noch nicht genügend ist, um vollen Erfolg zu sichern. Schon Buddha sagte: „Ihr habt auch das Rechte zu lassen, geschweige das Unrecht." Diese und ähnliche Worte waren natürlich nur für seine Jünger bestimmt.

Die Verdienste, welche allein durch ein tugendhaftes Leben hervorgerufen werden, führen den Betreffenden, entweder in dieser oder in einer späteren Inkarnation, in Verhältnisse, wo es ihm leichter wird, Konzentration auszuüben.

Wir finden heute in allen europäischen Sprachen eine Menge Bücher über magische Anrufungen, Riten, Beschwörungen usw., welche für viele sehr anziehend sind, die aber nichts als Zeit- und Geldverlust verursachen, da ihre Autoren meist nur jenes Wissen besaßen, welches man als „Augenwissen" bezeichnet, und die **die Unsicherheit ihres eigenen** seelischen Zustandes vor den Lesern sorgfältig zu verbergen suchen. Wer Yoga ausüben will, bei dem müssen die Tugenden einen Teil seines Lebens bilden; er muss aber auch danach trachten, ihre philosophische Berechtigung ganz verstehen zu lernen. Tugend muss für ihn Wissen werden.

12. Manas oder das Gemüt.

Das Gemüt (Manas, das Denkprinzip) ist ein sehr wichtiger Faktor in dem Streben nach Konzentration. Diesem Prinzip widmet Patanjali in seinen Yoga-Sprüchen viel Aufmerksamkeit. Er sagt, dass das Gemüt durch irgend ein Ding oder Wesen, auf das es gerichtet ist, oder vor das es gestellt wird, „modifiziert" wird. Im Kommentar wird darüber gesagt: „Das innere Organ ist da (in der Vedanta Taribhasa) mit Wasser verglichen hinsichtlich seiner Bereitschaft, sich jeder Form, in welche es eintritt, anzupassen. Wie das Wasser eines Reservoirs, wenn es durch eine Öffnung ausgeflossen und durch einen Kanal in ein Bassin eingetreten ist, viereckig oder andersartig gestaltet wird, nämlich gerade so, wie das Bassin gestaltet ist, ebenso wird das sich offenbarende innere Organ, nachdem es durch das Gesicht oder einen anderen Kanal zu irgend einem Dinge, beispielsweise einem irdenen Kruge, geleitet ist, durch die Form des Kruges oder eines anderen Dinges umgewandelt. Dieser veränderte Zustand des inneren Organs – oder Gemüts – ist es, was seine Modifikation genannt wird."

13. Selbstkontrolle.

Durch die Sinne wird die Seele nach außen abgezogen, weshalb es für jeden, der Konzentration erstrebt, notwendig ist, dieselben stets zu überwachen. In der Bhagavad-Gita (Kap. 15) heißt es über den Geist als Beherrscher der irdischen Natur und der Sinne: „Beherrschend das Ohr, das Auge, das Gefühl, den Geschmack und Geruch, wie auch das Gemüt, knüpft er dadurch zwischen sich und der Sinnenwelt eine Verbindung an."
Die menschliche Wesenheit ist in ein Haus gebannt, in dem beständig Gäste ein- und ausgehen, über welche der Mensch niemals die Kontrolle verlieren

darf, wenn alles in Ordnung bleiben soll und wenn er seine Eigenschaft als Hausherr ausüben will. Der Mensch kann sich selbst beständig beobachten, indem er fortwährend überwacht:
1. das, was er isst;
2. das, was er sieht;
3. das, was er hört;
4. das, was er liest;
5. das, was er denkt.

Die inneren Sinne oder Organe erhalten durch die äußeren ihre Eindrücke von der äußeren Welt, formen sich danach und spiegeln diese nebst ihren Eigenschaften in der Seele wieder. Daher die Wichtigkeit dessen, was wir in uns aufnehmen. Vermittelst des Auges beim Lesen gestaltet sich das Gemüt in die gelesene Form. Durch das Gehör bildet es sich in die Form der Idee, die sich in der Sprache äußert. Empfindungen, wie Kälte und Hitze, modifizieren es direkt oder indirekt durch Verkettung oder Sammlung usw., indem verschiedene (fünf) Sinneswahrnehmungen und Empfindungen zusammenwirken.

14. Hellsehen.

Das Hellsehen oder das Schauen in das Astrallicht ist etwas, das viele anlockt, Yoga auszuüben. Es kann dies sowohl von reinen, selbstlosen Menschen, als auch von selbstsüchtigen, egoistischen Charakteren angestrebt werden. Den ersteren werden die Übungen keine Nachteile bringen, da die Motive lauter und rein sind. Der selbstsüchtige und in seiner Persönlichkeit gefangene Mensch wird die entwickelten Fähigkeiten nur missbrauchen zum eigenen Schaden und zum Schaden der Menschheit.

Das Raja-Yoga-System betrachtet es nicht als Aufgabe, psychische (astrale) Fähigkeiten, wie Hellsehen und dergl., zu entwickeln, sondern hat den Zweck, das Bewusstsein auf die rein geistige, spirituelle Ebene (der Gotteseigenschaften. Der Hrsg.) zu erheben. Wenn dieses geschehen ist, so fallen dem Menschen alle psychischen Fähigkeiten ganz von selbst zu.

Das Hatha-Yoga-System entwickelt zuerst psychische Kräfte, durch welche dann die geistige Welt erklommen werden soll. Dies ist aber ein (dunkler) Weg, der viele Gefahren in sich schließt; viele verlieren die hierzu nötige Geduld, Ausdauer, Selbstvertrauen und Selbstbeherrschung und treiben am

Ende der schwarzen Magie zu. Für die ungeduldigen Menschen unserer modernen Kultur ist diese Wissenschaft daher ein zweischneidiges Schwert. Derjenige aber, welcher ganz den Regeln des Raja-Yoga gemäß lebt, kümmert sich wenig darum, ob er sogenannte übersinnliche Fähigkeiten erwirbt oder nicht. Er ist vor allem darauf bedacht, dass sein ganzes seelisches und körperliches Wesen fest und **gereinigt** werde, wodurch er sein Bewusstsein auf die **göttliche** Ebene der Welten erhebt. All sein Wissen und Können widmet er dem großen Ganzen, mit dem er sich völlig eins fühlt.

Die Fähigkeit, ins Astrallicht zu schauen, tritt in dem Momente ein, wenn das hierzu nötige Organ, nämlich das astrale Auge, entwickelt ist. Ebenso wie der Mensch mit seinen körperlichen Augen sehen kann, wenn dieselben geöffnet sind, so kann er auch ins Astrallicht sehen, wenn das astrale Auge ausgebildet ist.

15. Konzentration und Meditation.

Innere Versenkung ist das erste, was ein Mensch lernen muss, um Yoga auszuüben; dies kann nicht oft genug gesagt werden. Die Wege sind Verschieden, um dahin zu gelangen; in der inneren Versenkung sind die äußeren Sinne untätig, weshalb eine vollkommene Beherrschung aller Sinne und des ganzen Körpers stattfinden muss.

Der Verstand soll in der Konzentration und Kontemplation geübt werden. Dies ist eine **lange Übung**, kann aber nicht umgangen werden. Die Gedankenkräfte für eine gewisse Zeitdauer auf einen bestimmten äußeren Gegenstand zu richten, ist nicht sehr schwer; dieselben aber nach innen zu konzentrieren, ist schon schwieriger, weil die Seele durch die Sinne nach außen gezogen wird.

Eine andere Schwierigkeit besteht darin, in der inneren Versenkung das Gemüt stille zu halten und zu beruhigen, bis es fest auf den Gegenstand gerichtet ist, auf den es sich konzentrieren soll. Es kommt nicht bloß darauf an, dass der Mensch seine Sprache, seine Worte beherrscht. Wenn er auch äußerlich nichts sagt, so kann doch der Intellekt, der Verstand, mit sich selbst sprechen und seine Gedanken in Worte kleiden, wenn dieselben auch physisch nicht hörbar sind. Diese Worte sind ebenso wirklich wie solche, die laut ausgesprochen werden. Dieses innere Sprechen kann durch einen

Willensakt zur Ruhe gebracht werden. Es muss die Fähigkeit erworben werden, nicht nur die Stimmen des Intellektes oder Verstandes, sondern auch die der Sinne und Gemütsbewegungen zur Ruhe zu bringen. Dies ist schon wegen der Gesundheit notwendig. Konzentration ist das Gegenteil von Zerstreuung. Wenn sich ein Mensch auf etwas konzentriert, so sammelt er alle Kräfte der Sinne, des Verstandes oder des Intellektes, seine Gedankenkräfte und sein Bewusstsein und richtet sie auf den betreffenden Gegenstand. Dadurch bringt er Ordnung in sein Gedankenleben.

Konzentriert er sich nicht auf ein Objekt, sondern auf sich selbst, auf das reine Subjekt in sich selber, so wird die Konzentration zur Meditation.

Meditation heißt so viel wie geistige Erhebung, Selbstbeschauung. Die Seele erhebt sich in das reine Bewusstsein und erlebt dasselbe in sich. So lange jedoch dem Menschen noch egoistische Interessen, Gefühle und Gedanken anhängen, ist diese innere Erhebung in das unpersönliche Sein und Leben unmöglich, denn diese hängen sich dann wie ein Bleigewicht an die Seele.

Jakob Böhme sagt: „Lasset uns die Bilder der Buchstaben in uns alle zerbrechen und töten, dass kein einziges mehr leben bleibe und lasset uns nichts weiter von Gott begehren zu Wissen, als einzig und allein, was Gott in uns und durch uns Wissen will." („Mysterium", 36.) „Wenn der eigene Wille der Selbstheit abstirbt, so ist er von Sünden frei." („Gelassenheit".)

„Leer sein aller Kreatur heißt Gottes Voll sein, und voll sein aller Kreatur heißt Gottes leer sein. Wer alle Dinge empfangen will, der muss erst alle Dinge dahingehen!" (Eckhart.)

„Der wahre Glaube steht im Gegensatze zu allem äußeren Erfahren und Wahrnehmen, weil er ein unergründliches Licht ist. Als dieses unergründliche Licht macht uns der Glaube eben durch die Größe des Wissens frei vom Vielwissen, durch die Größe des Wollens frei vom Begehren und durch die Fülle der Bilder von Bildern frei." (Eckhart.)

„Die Kontemplation (innere Beschauung, Meditation) eignet den Grund der Seele; das wirkende Leben gehört den Kräften an. Beides widerspricht sich nicht; vielmehr wird eines durch das andere gestützt und getragen." (Eckhart.)

Es ließen sich viele Stellen aus den Werken der Mystiker und Okkultisten der westlichen Länder anführen, welche zeigen, dass denselben das, was im Osten Yoga genannt wird, wohl bekannt war.

Mystik und Yoga sind in gewissem Sinne dasselbe. Von der Mystik muss man das, was man gewöhnlich Mystizismus nennt, wohl unterscheiden.

Unter letzterem Versteht man gewöhnlich Frömmeln und Geheimniskrämerei. Das Wesen der echten Mystik dagegen ist Licht und Klarheit.

16. Samadhi.

Die höchste Stufe der Meditation ist Samadhi (sanskr.). Er ist die Vereinigung mit dem höchsten Geiste (Atma) und besteht im Eingehen des menschlichen Bewusstseins in das göttliche Allbewusstsein. Dieser Vorgang kann stattfinden, während der Mensch noch auf Erden verkörpert ist; er bedingt aber eine gänzliche Weltentrücktheit, welche nur dem Yogin (Magier) möglich ist, der sein Gemüt – Gedanken und Gefühle – von weltlich-egoistischen Ideen und (einseitigen) Bestrebungen gereinigt und die erforderliche physiologische Organisation entwickelt hat, welche nötig ist, um diese höchste spirituelle Erhebung zu erleben. Eine Anzahl christlicher Mystiker haben die Fähigkeit des Eingehens in den erhaben Zustand von Samadhi zweifellos besessen. Je mehr der Mensch sein Leben dem Dienste des Göttlichen weiht, desto mehr weiht das Göttliche ihn in seine Geheimnisse ein und der Mensch schreitet zuletzt durch das Tor der Initiation oder Einweihung, welche nicht eine äußerliche Zeremonie, sondern ein geistiger Lebensprozess, eine Wiedergeburt im Innern des Menschen ist, wodurch er magische Kraft und Weisheit gewinnt. Er tritt in die „Bruderschaft der großen Loge der Adepten" ein und wird ein göttlicher Magier (vgl. „Aus der Praxis für die Praxis" von Seila Orienta).

17. Die Erlangung okkulter Kräfte.

Wenn ein Mensch auf dem Wege der moralischen und intellektuellen Entwicklung so weit fortgeschritten ist, dass er geistige Kräfte in sich aufnehmen kann, so kann er von einem geistigen Lehrer (Guru) zur Erlangung okkulten Wissens und magischer Kräfte angeleitet werden. Dadurch wird er in den Stand gesetzt, in umfassendem Maße zur Erlösung aller beizutragen und der Menschheit so größere Hilfe zu leisten.
Der Mensch muss erst lernen, in der umfassenden uneigennützigen Liebe, im unpersönlichen, geistigen Bewusstsein festzustehen.

Die okkulten Kräfte, welche im Chela offenbar werden, dürfen nur zu unpersönlichen Zwecken verwendet werden. Dies ist weiße Magie. Wer sie zu persönlichen oder gar schlechten und bösen Zwecken missbraucht, treibt schwarze Magie.
Er erniedrigt dabei seine höhere Natur und geht derselben schließlich verlustig. Hypnose und ähnliche Praktiken sind Anfänge schwarzmagischer Wirkungen.
Deshalb sind okkulte Kräfte für den Unweisen und Selbstsüchtigen Dinge, die ihm und anderen am Ende zum Schaden gereichen. Die Entwicklung des Schülers vollzieht sich unter beständigen Prüfungen. Die eigene niedere Natur steht ihm gegenüber und es ist seine Aufgabe, dieselbe zu überwinden.
Da die Chelaschaft manche Gefahren mit sich bringt, warnt H. P. Blavatsky mit den Worten: „Biete Dich niemals als Chela an, sondern warte, bis die Chelaschaft von selbst auf Dich niedersteigt. Suche vor allem Dich selbst zu finden und der Weg der Erkenntnis wird sich vor Dir eröffnen." (Aus dem Briefe eines Meisters.)

18. Die Konstitution des Menschen.

Es gibt im Menschen bekanntlich sieben Daseinszustände, Bewusstseinsformen oder Ebenen.
Um die Einteilung zu vereinfachen und Verständlicher zu machen, wollen wir hier statt der siebenteiligen Konstitution des Menschen zunächst nur die dreiteilige anführen:
1. Sthula-Sarira, den physischen, grobmateriellen Körper, welcher der Sitz des materiellen Bewusstseins und des äußeren Lebens ist. Der gewöhnliche „materielle" Mensch lebt meist in diesem Bewusstsein.
2. Sukshma-Sarira, den Astralkörper, welcher der Sitz des Bewusstseins des „inneren (seelischen)" Menschen ist.
   Mit dem Erwachen des Astralbewusstseins im Körper tritt auch eine neue und höhere umfassendere Art von Wahrnehmung, Gefühl und Bewusstsein ein. Beim gewöhnlichen Menschen ist das Bewusstsein dieses Astralkörpers nicht tätig. Der innere Mensch ist sich seiner noch nicht bewusst.

3. Karana-Sarira, der diesen beiden Körpererscheinungen zugrunde liegende Körper. Dies ist der Gedankenkörper, der Sitz der „geistigen" und intellektuellen Tätigkeiten.

Der höchste Geist (Atma) im Menschen ist in der Dreiteilung nicht mit aufgeführt, da er ein völlig unpersönliches Prinzip ist.

Die sieben Prinzipien heißen der Reihe nach wie folgt:
1. Der höchste Geist (Atma).
2. Die geistige Seele (Buddhi). Das „Gefäß" von Atma.
3. Buddhi-Manas (das höhere Denkprinzip, das Gemüt).
4. Kama-Manas (das niedere Denkprinzip, der irdische Verstand).
5. Kama, die Tierseele.
6. Prana, das Lebensprinzip.
7. Linga, der Ätherleib, durch den der sichtbare materielle Leib, Sthula-Sarira, gebildet ist.

Die sieben Prinzipien oder Grundkräfte des Menschen sind im Titelbilde dieses Buches bildlich dargestellt. Jedes Prinzip wird durch ein Sternzeichen unseres Sonnensystems angedeutet und hat auch seine bestimmte Farbe und seinen Ton, und zwar wie folgt:
1. Jupiter bedeutet Atma; die Farbe ist blau, der Ton sol.
2. Merkur bedeutet Buddhi; die Farbe ist gelb, der Ton mi.
3. Venus bedeutet Buddhi-Manas; die Farbe ist indigo, der Ton la.
4. Saturn bedeutet Kama-Manas; die Farbe ist grün, der Ton fa.
5. Mars bedeutet Kama; die Farbe ist rot, der Ton do.
6. Sonne bedeutet Prana; die Farbe ist orange, der Ton re.
7. Mond bedeutet Linga; die Farbe ist violett, der Ton si.

Weil Atma der Ursprung und die Summe aller sechs übrigen Prinzipien (die der Vielheit zu Grunde liegende Einheit) ist, steht sein Zeichen – Jupiter – im Mittelpunkt, während die Zeichen der anderen Prinzipien in den Ecken des doppelten Dreiecks stehen.

In dem Titelbilde sind noch weitere geistige Vorgänge und Tatsachen dargestellt, welche aber nicht hier erörtert werden können.

Der sichtbare, materielle Leib umfasst den Ätherleib (Linga-Sarira =grobstofflich Matrize. Der Hrsg.) und Prana, das Lebensprinzip (= Astralmatrize. Der Hrsg.).

Der Astralkörper (Sukshma-Sarira) umfasst Kama und Kama-Manas, das niedere Denkprinzip, oder den irdischen Verstand, welcher mit Kama, der Begierde oder Leidenschaft durchwoben und getrübt ist.

Der Karana-Sarira umfasst das höhere Denkprinzip, mit anderen Worten den edleren Teil des Gemütes und die Intelligenz (= Mentalmatrize. Der Hrsg.).

Alle diese „Körper" sind in diesem Leben nicht von einander getrennt, sondern eins und durchdringen sich gegenseitig.

Wenn das Bewusstsein auf einer höheren Stufe weilen soll, so muss es auf einer niedrigeren Stufe ganz oder teilweise aufhören zu existieren.

19. Die verborgenen Kräfte im Menschen.

Eine Kenntnis der im menschlichen Körper verborgenen Naturkräfte ist für diejenigen, welche eine gewisse Stufe in der geistigen Entwicklung erreicht haben und welche diese Kräfte in sich selbst zur Entwicklung bringen wollen, von großer Wichtigkeit. Der „innere" Mensch, der Astralkörper, hat seine Organe ebenso wie der physische Körper. Was z. B. im physischen Körper die Nerven sind, das sind im Astralkörper die Nadis, welche man als eine Art „magnetische Strömungen" bezeichnen kann.

Die Kräfte des Astralkörpers gehören wohl einer höheren Daseinsstufe an, sind aber noch lange nicht rein geistiger Natur. Der Astralkörper besitzt astrale Sinne, welche den irdischen Sinnen überlegen sind, weil sie für die Schwingungen der Astralmaterie, die bedeutend feiner ist als der irdische Stoff, empfänglich sind.

Durch die Nadis bewegt sich die Lebenskraft im Astralkörper. Diese Lebenskraft, welche **elektromagnetischen** Strömungen vergleichbar ist, kann der Mensch nach Belieben leiten, indem er sie in seinem Körper bald hier, bald dort zirkulieren lässt; dazu ist natürlich nötig, dass in ihm das geistige Bewusstsein, die innere Wahrnehmung, bis zu einem gewissen Grade erwacht ist, um seine eigene innere Organisation durch das Gefühl zu erkennen.

Nach den Lehren der Yogins gibt es zwei Nervenstränge in der Rückenmarkssäule, die „Ida" (=Magnetismus) und „Pingala" (=Elektrizität), und einen hohlen Kanal „Sushumna", der durch die Rückenmarkssäule geht. Wie wir es z. B. im physischen Körper mit der Zirkulation des Blutes und mit der Aorta, Vena cava usw. zu tun haben, so finden wir im Astralkörper die Ida und Pingala, sowie die Sushumna.

Die Sushumna ist die wichtigste. An dem unteren Ende des hohlen Kanals liegt ein Organ, welches die Yogins als die „Lotusblume" der Kundalini bezeichnen. Seine Form wird beschrieben als ein Dreieck, in dem eine Kraft, Kundalini-Sakti, spiralförmig aufgerollt ist. Es ist dies eine der mystischen Kräfte, eine Kraft, welche sowohl zu „erschaffen", als auch zu töten fähig ist.

In dem Buche: „Die Höhlen und Dschungeln Hindostans" von H. P. Blavatsky ist von einem Adepten Gulab-Lal-Sing die Rede, welcher eben durch diese Kraft einen Tiger tötete, der die Reisegesellschaft überfallen wollte.

Svami Vivekananda sagt hierüber: „Wenn Kundalini erweckt wird, so versucht sie durch Sushumna emporzusteigen und indem sie Stufe für Stufe emporsteigt – d. h. die Elemente mit göttlichen „Eigenschaften" versieht –, erweitert sich der Geist Schritt für Schritt, und es kommen jene verschiedenartigen Visionen und wunderbaren Kräfte über den Yogin, von denen wir so oft gelesen haben. Wenn sie das Gehirn erreicht hat, so ist der Yogin völlig von Körper und Intellekt getrennt; die Seele ist frei und gottverbunden. Die Ida, Pingala und Sushumna können äußerlich nicht nachgewiesen werden, weil sie eben zur physischen Welt nicht mehr gehören. Solange die moderne Wissenschaft das Vorhandensein des Astralkörpers nicht kennt, wird ihr auch die Yoga-Wissenschaft stets verhüllt bleiben. Um die eigene innere Organisation zu erkennen, dazu gehört ein bestimmter höherer Grad geistiger Wahrnehmungsfähigkeit, die aber den Gelehrten meist mangelt. Die heutzutage so weit verbreitete Unsitte des Alkoholtrinkens hat viel dazu beigetragen, dass das Organ des geistigen Sehens, die Zirbeldrüse (Conarium), verbunden mit den Thalami optici, in unserem Zeitalter fast völlig verschrumpft ist.

Alkoholische Getränke, geschlechtliche Ausschweifungen, materielle Gedanken bewirken nach und nach eine Lähmung der geistigen Sehtätigkeit und wirken auch auf die Nervensubstanz des Körpers zerrüttend ein.

Nach den Lehren der Yogins haben die Nadis vierzehn Hauptstämme, ihre Abzweigungen sollen aber 75.000 betragen. Von diesen vierzehn sind sieben den Sinnesorganen und sieben den Handlungsorganen zugeteilt. Bei dem jetzigen Stande der Entwicklung kommen jedoch nur fünf in Betracht. Die übrigen zwei sind noch nicht entwickelt.

Die fünf Handlungsorgane sind:
   1. Jihva (vac), Zunge (Sprache).
   2. Hastau, die beiden Hände.
   3. Padau, die beiden Füße.

4. Payu, der After.
5. Upastha, die Geschlechtsorgane.

Den fünf Sinnesorganen entsprechen die Elemente (Ätherschwingungen), welche Tattvas genannt werden; aus ihnen entspringen die Anregungen zum Hören, Sehen, Schmecken, Riechen und Fühlen.

Diese Tattvas sind (vgl. das Bild der 3. Tarotkarte von F. Bardon. Der Hrsg.):
1. Akasha, das Element des Äthers, das Prinzip des Tones. („Äther.")
2. Vayu, das Element des luftförmigen Zustandes, das Prinzip des Gefühls. („Luft.")
3. Tejas, das Element der Licht- und Feuererscheinungen, das Prinzip des Sehens. („Feuer.")
4. Apas, das Element des flüssigen Zustandes, das Prinzip des Geschmackes. („Wasser.")
5. Prthivi, das Element des materiellen Zustandes, das Prinzip des Geruches. („Erde.")

Diese fünf Tattvas sind in jedem Körper, sei derselbe nun ätherisch, flüssig oder fest, leuchtend oder luftförmig, enthalten. Je nach der Beschaffenheit wird natürlich in dem einen Körper das feurige, in dem anderen das wässerige Element oder ein anderes überwiegen. Daraus entspringen auch die verschiedenartigen vier Temperamente usw.

Der Mensch wird am Ende seiner Entwicklung in diesem Manvantara (= siebten Schöpfungszyklus) sieben Sinnesorgane und sieben Handlungsorgane entwickelt haben.

Es würde den Raum dieser Abhandlung weit überschreiten, wollte hierauf eingegangen werden. (Den ernsten gründlichen Forscher verweise ich auf die diesbezüglichen Stellen in Blavatskys „Geheimlehre", I. und II. Bd., und „Esoterik", III. Bd., sowie auf „Isis entschleiert") und Narrainasvami Iyer, „Lotusblüten", Jahrg. 1895, November, „Die Physiologie des Astralkörpers", dem ein Teil des Vorliegenden entnommen ist:

20. Die Nadis.

In der Mitte des Sonnengeflechtes, am Nabel, befindet sich eine Stelle, welche „Kantha" genannt wird, von der die Nadis ausgehen.

Die schon genannten drei wichtigsten von diesen, nämlich Ida, Pingala und

Sushunma, steigen empor bis zur Sahasvara oder über dem Kopfe und gehen von dort wieder herab, indem sie ihren Lauf durch die Medulla oblongata, durch die Wirbelsäule nehmen, zum Sacralplexus herabsteigen und zu Muladhara, ins Zentrum von Kantha, zurückkehren. Vivekananda sagt zur Erklärung folgendes: („Metaphysische Rundschau", 1899, Heft 7) „Wir wissen, dass das Rückenmark in ganz besonderer Weise zusammengesetzt ist. Wenn wir die Figur acht horizontal hinlegen, so bildet sie zwei Teile, die in der Mitte verbunden sind. Nimmt man nun eine 8 nach der andern und legt sie aufeinander, so hat man das Rückenmark. Zur linken liegt Ida, zur rechten Pingala, und der Kanal, der durch das Zentrum läuft, ist Sushumna. Wo das Rückenmark in einem Lendenwirbel endigt, verläuft es in eine feine Faser, in der der Kanal auch fortgesetzt ist, nur eben viel feiner. Der Kanal ist am unteren Ende geschlossen, und liegt mit diesem Ende nahe dem Sacralplexus, der nach den Angaben der modernen Physiologie eine Dreiecksform hat."
Es wird gesagt, dass die Sushumna im Karana-Sarira ungefähr dieselben Funktionen ausübt, wie das Herz im physischen Körper.

21. Die Plexus.

Nach den Upanischaden sind im Astralkörper sechs Hauptsitze der Lebenstätigkeit (Hauptplexus) zu unterscheiden. Die Gesamttätigkeit derselben wurzelt in einem siebenten.
In der Bibel und in der indischen Mythologie sind die in diesem Plexus enthaltenen Kräfte allegorisch dargestellt. Die in der Apokalypse angeführten sieben „Gemeinden" oder „Kirchen" beziehen sich auf die sieben Hauptsitze der Lebenskraft im menschlichen Organismus. Die geistigen Kräfte haben ihre entsprechenden Organe im physischen Körper.
Die verschiedenen Nervengeflechte, welche ihre Zentren im Rückenmark haben, sind die äußeren Sitze einiger Kräfte.
Wir beginnen mit Muladhara, der Basis, und endigen mit Sahasvara, der sogenannten tausend-blättrigen Lotus, *im* Gehirn. In jeder dieser Kräfte ist eine positive und eine negative Kraft zu unterscheiden, oder anders ausgedrückt, eine männliche und weibliche Wirkung, ausgenommen im plexus sacralis (Muladhara). In diesem ist die Kraft nur männlich. Über diesem befindet sich eine weibliche, Kraft, deren Name „Iccha-Sakti" ist.

Sie verleiht dem Menschen mystische Kräfte, wenn die männliche Kraft des darunter liegenden Plexus überwunden ist. Dieser Plexus (Muladhara) entspricht dem Erdelement (Prthivi). Der nächste Plexus ist Svadhishthana (= Apas), welcher dem Element des Wassers entspricht. Der dritte ist Manipuraka, das Sonnengeflecht oder die Region des Feuers (= Agni). Der vierte Plexus wird Anahata genannt. Er hat seinen Sitz im Herzen. Ihm entspricht die Luft (Vayu).

Der fünfte heißt Visuddhi, sein Sitz ist im Halse, im Schlunde, gelegen. Er repräsentiert Akasha (= Schall).

Der sechste ist Aguha; er stellt das sechste Element (Tattva) dar; ihm entspricht die Stirn (Intelligenz).

Das siebente Zentrum ist Sahasvara, „Gott" oder die Urkraft, die tausendblättrige Lotus, *außerhalb* des Gehirn. Die hier angeführten Kräfte (Cakras) stehen in Verbindung mit den sieben Naturkräften in unserem Sonnensystem, welche sinnbildlich als „Planeten" dargestellt werden, und zwar wie folgt:

1. Muladhara entspricht Saturn, dem Element der Erde
2. Svadhishthana = Jupiter, der Seele;
3. Manipuraka = Mars, dem Feuer oder der Kraft;
4. Anahata = Venus, der Anziehung oder „Liebe";
5. Visuddhi = Merkur, dem Denken;
6. Agoha = Luna (Mond), dem Gemüt;
7. Sahasvara = Sol, der Sonne der Weisheit.

22. Ida, Pingala und Sushumna.

Ida und Pingala entsprechen den motorischen und sensorischen Nerven im Rückenmark. Ida und Pingala sind diejenigen Kanäle, durch welche die zu- und abführenden Ströme gehen. Es ist bekannt, dass alle Empfindungen und Bewegungen des Körpers nach dem Gehirn telegraphiert werden, wobei die Nervenfasern als Leitung dienen.

Es handelt sich nun um die Erlangung der Fähigkeit, Nachrichten auszusenden und solche zu empfangen, ohne dass dabei diese Leitung in Anspruch genommen wird. Nach den Lehren der Yogins ist dies möglich, und auch in der Natur können wir diese Tatsache wahrnehmen. Solange wir an dieses Netzwerk von Nerven gebunden sind, d. h. solange wir noch

genötigt sind, es als Leitung zu benützen, sind wir an den Stoff, an die Materie, gebunden. Die Yogins lehren nun: „Lasse die Ströme durch Sushumna, den Kanal in der Mitte der Wirbelsäule, fließen, ohne die Nervenfibern als Leitung zu gebrauchen, so ist das Problem gelöst."
In den Nervensträngen laufen bekanntlich zwei Arten von Strömen; der eine empfindend, der andere bewegend, der eine zuführend, der andere ableitend, der eine zentripetal, der andere zentrifugal. Der eine Nervenstrang vermittelt die Empfindung zum Gehirn, der andere vom Gehirn zum äußeren Körper.
Sushumna ist beim gewöhnlichen Menschen nicht frei und keine Strömung pulsiert durch sie.
Der Zweck von Pranayama besteht nun darin, die in Muladhara schlummernde Kraft Kundalini – Gotteseigenschaften – zu erwecken. Ist diese erweckt worden und in den Kanal von Sushumna „eingetreten", so hat der Mensch die Fähigkeit erlangt, geistige Wahrnehmungen zu machen.
Die Sushumna wird in ihrem Laufe von Ida und Pingala begleitet, sie gehen hinauf in den Kopf bis zur Mitte zwischen den Augenbrauen, teilen sich dann nach rechts und links und vereinigen sich dann am Hinterkopfe wieder mit der Sushumna. Auf diese Weise gelangen die Kräfte, welche die Nadis durchströmen, zu den verschiedenen Nervenzentren oder Plexus, die bereits aufgeführt wurden.

23. Das richtige Atmen.

Wenn die Yogins dem richtigen Atmen eine besondere (imaginative) Aufmerksamkeit widmen, so hat dies seinen bestimmten Grund. Bekanntlich bildet sich eine elektrische Bewegung, wenn alle Moleküle sich in einer Richtung bewegen. Der Zweck des rhythmischen Atmens und des harmonischen Denkens besteht nun darin, in alle Moleküle des Körpers das Bestreben zu bringen, dass sie sich in einer Richtung bewegen.
Das Nervenzentrum, welches die Atmungsorgane regelt, wirkt bestimmend auf die Nervenstränge; es liegt dem Brustkorb gegenüber an der Wirbelsäule und beherrscht zugleich alle sekundären Zentren. Durch die Atemübungen soll nun eine rhythmische Tätigkeit in den Körper gebracht werden. Vermittelst des Atmungszentrums können die anderen Zentren beherrscht werden. Die Nervenbahnen kommen in eine Art elektrische

Bewegung; denn es ist nachgewiesen, dass der Wille zu einer Art Elektrizität wird, wenn er sich in den Nervensträngen geltend macht. Wenn alle Bewegungen und Organe des Körpers vollkommen rhythmisch und das Denken harmonisch geworden ist, so stellt derselbe sozusagen eine riesige Batterie des Willens dar. Der Geist soll herrschen über die Materie. Die in den Cakras schlummernden Kräfte können erweckt werden, indem der Chela sein Bewusstsein in dieselben versenkt und „geistig" in ihnen wohnt. Das bloße Nachdenken allein nützt nichts, denn der Wille (und die Liebe) muss dabei sein. Die Erweckung geschieht durch die (schöpferische) Kraft Kundalini, (d. h. durch die göttlichen Eigenschaften. Der Hrsg.).
Wenn diese Kraft gelöst und in Tätigkeit versetzt wird, bewusst geleitet den Sushumnakanal (symbolisch) entlang strömt, und auf die verschiedenen Zentren nacheinander einwirkt, so muss notwendigerweise eine kolossale Reaktion eintreten. Wenn die ganze Masse dieser gewaltigen Energie, welche durch die Kraft langer, innerlicher Betrachtungen aufgespeichert wurde, die Sushumna entlang läuft und auf die Zentren einwirkt, so ist die Reaktion ungeheuer, viel größer und höher als die Reaktion bei Träumen und Vorstellungen, viel intensiver als die Wirkung von Sinneswahrnehmungen.

24. Die magischen Kräfte im Menschen.

Die geheimen, mystischen oder magischen Kräfte im Menschen sind:
1. Parasakti, die höchste, schöpferische Kraft.
2. Jnanasakti, die Weisheit oder Selbsterkenntnis (Intelligenz).
3. Icchasakti, die geistige, selbstbewusste Willenskraft.
4. Kriyasakti, die Kraft des selbstbewussten Gedankens.
5. Kundalinisakti, die Universal-Lebenskraft.
6. Mantrikasakti, die Zauberkunst des Wortes.

Diese sechs finden ihre Vereinigung in der siebenten Kraft, welche alle anderen Kräfte in sich vereinigt (vgl. „Talismanologie und Mantrakunde" und das „Siva Samhita").
Die Lebenskräfte (Pranas), welche durch die Nadis strömen, sind nach dem „Taittiriya Aranyaka" ebenfalls siebenfach. Es heißt: „Aus Ihm entspringen die sieben Pranas, die sieben Archis (= geistiges Licht oder Feuer), die sieben Samidhs (Brandopfer), die sieben feurigen „Flammen", die sieben

Welten und die sieben „Sieben". (Näheres über die Bedeutung dieser Bezeichnungen in der „Geheimlehre" von H. P. Blavatsky, I. Bd.)
Prana, das materielle Leben, ist der Sitz von Jiva, dem geistigen Leben. Über Prana steht Hamsa, das Gefäß von Jiva im geistigen Streben zum Göttlichen, symbolisiert durch Om. (In den Büchern der Mystiker und Rosenkreuzer ist Hamsa durch den Pelikan, der mit seinem eigenen Blute seine Jungen füttert, sinnbildlich dargestellt. Dieser Vorgang bedeutet auch die Selbstaufopferung des göttlichen Menschen zum Wohle der Menschheit.)
Die Sakti sind sechs, nämlich Iccha-, Kriya-, Kundalini-, Jnana-, Para- und Mantrika-Sakti. Aus deren Beherrschung entspringen die verschiedenen okkulten Kräfte; zuerst müssen aber Kama, die irdischen Leidenschaften, und Icchasakti überwunden werden. Alles Unreine und Selbstsüchtige muss durch die Kraft des himmlischen Feuers verbrannt werden.
Alle hier angeführten Kräfte (Saktis) haben wieder ihre verschiedenen Unterabteilungen oder Verzweigungen.
Vivekananda sagt: „Wenn die Kundalinikraft von Zentrum zu Zentrum läuft, so wird Stufe für Stufe des Geistes geöffnet werden und das Universum wird von dem Yogin in seiner feinsten und in seiner gröbsten Form wahrgenommen und erkannt."
„Wo immer eine Manifestation von dem ist, was man gewöhnlich die übernatürliche Macht oder Weisheit nennt, da hat auch ein wenig Strom von Kundalini seinen Weg in Sushumna gefunden. Bei der großen Mehrheit der Fälle von Übernatürlichem ist man zufällig auf eine Übung gestoßen, die einen kleinen Teil dieser „aufgewickelten" Kundalini befreit hat. Jeder wahre Gottesdienst (Kundalini-Yoga) führt bewusst oder unbewusst zu diesem Ziele. Der Mensch, der glaubt, dass er Erhörung auf seine Gebete erhält, weiß nicht, dass die Erfüllung derselben aus ihm selbst kommt und dass er durch die geistige Stellung seines Gebetes Erfolg hatte, indem er einen kleinen Teil dieser unendlichen Macht weckte, die in ihm selbst aufgespeichert liegt. Der Yogin erklärt der Welt, dass die wahre Macht, die Mutter ewiger Glückseligkeit, in jedem Wesen liegt, wenn wir nur wissen, wie wir uns ihr zu nähern haben. Und Raja-Yoga ist die Wissenschaft der Religion, die vernünftigste aller Verehrungen, Anbetungen, Formen, Zeremonien und Wunder."
Der Chela gewinnt Macht über seine Natur, wenn er durch seine bewusste Atemtätigkeit, sein Leben, seine Begierden und Gedanken völlig beherrscht. Wenn er durch Jnana (wahres Wissen) und Pranayama die Ida-,

Pingala- und Sushumna-Nadis gereinigt hat, (was so viel heißt, wie den Ausgleich zwischen Positiv und Negativ zu bewerkstelligen. Der Hrsg.) dann kann er sehen, wie die Leidenschaften und Begierden, welche Astralwesen sind, durch die Nadis zum Manas (Denkprinzip, Gemüt) emporsteigen und dessen Gleichgewicht stören wollten.

Der Chela wird zum Adepten, wenn er fähig geworden ist, alle diese niederen Kräfte durch die Kraft seines geistigen Willens zu überwinden. Er kann dann seinen Körper nach Belieben verlassen und wieder in denselben zurückkehren, kann sich nach Belieben einen Astralkörper schaffen oder denselben reproduzieren. Er lebt in seinem Karana-Sarira und beherrscht alle Saktis oder Kräfte.

Schluss

„Die Macht der (positiven wie negativen) Leidenschaften", sagt H. P. Blavatsky in einem ihrer Aufsätze über Okkultismus, „muss ganz und gar erstorben sein; nur wenn diese in der Retorte eines unbeugsamen Willens zermalmt und zerstört worden sind, wenn ferner nicht nur die Lüste und Sehnsuchtsempfindungen des Fleisches tot sind, sondern das persönliche Ich so völlig ausgerottet ist, dass es überhaupt nicht mehr gefühlt wird und das „Astrale" infolgedessen zu einer bloßen Ziffer herabgesunken ist, nur dann kann die Vereinigung mit dem „höheren Selbst" von statten gehen. Wenn das „Astrale" nur den überwundenen (niederen) Menschen, die noch lebende, aber nicht mehr von Selbstsucht, Sehnsucht oder Eigennutz erfüllte Persönlichkeit widerspiegelt, dann vermag der strahlende Augeveides, das göttliche Selbst, in bewusster Harmonie mit beiden Polen der menschlichen Wesenheit – mit dem gereinigten materiellen Menschen und mit der ewig reinen geistigen Seele – zu schwingen und in der Gegenwart des Meister-Selbstes, des Christos des gnostischen Mystikers, zu weilen, mit ihm verschmolzen, in ihm aufgegangen und eins mit ihm auf ewig." (Okkultismus im Gegensatz zu okkulten Künsten, Luzifer, Mai 1888.)

Weitere Bücher aus dem Christof Uiberreiter Verlag:

Das goldene Blatt der Weisheit
Seila Orienta/Franz Bardon

Zum ersten Mal in der okkulten Literatur wird die 4. Tarotkarte des Hermes Trismegistos verständlich beschrieben und offengelegt. Sie beinhaltet unbekannte Konzentrations- und Meditationsübungen. Des Weiteren gibt sie Hinweise und erklärt die Unterschiede zwischen Magie und Mystik und Gefahren des einseitigen Weges. Am Ende steht die Verbindung mit der universellen Gottheit, dem Herrn der Sonnensphäre, welcher quabbalistisch „Metatron" genannt wird.

*

5. Tarotkarte – Mysterien des Steins der Weisen
Seila Orienta/Franz Bardon

Dieses Buch stellt die Vorderseite der Alchemie dar, die die einzelnen praktischen Übungsschritte erklärt, ohne die verschlüsselten Mystifikationen der alten Alchemisten auch nur annähernd zu erwähnen, wie man es aus den anderen Büchern des Franz Bardon kennt. Es wird erklärt, dass ohne vollkommene Beherrschung der 4 Elemente keine Alchemie möglich ist. Des Weiteren wird mit den einzelnen Ebenen, mit den Matrizen, dem elektromagnetischen Fluid usw. gearbeitet. Doch der Hauptpunkt stellen die göttlichen Eigenschaften wie z. B. die Allmacht dar, mit denen der Göttliche Stein der Weisen durch gewisse Übungen geladen wird.

*

Talismanologie und Mantramkunde
Seila Orienta/Franz Bardon

Zum ersten Mal werden hier (magisch) geladene Mantrams – Gebetssätze – preisgegeben, welche bei nötiger Reife, Ausgeglichenheit und Reinheit durchdringende Erfolge versprechen. Mantrams sind ja nach Bardon nicht irgendwelche „Suggestionssätze", sondern sie sind Ideenausdrücke, mit denen man mit Mächten, Kräften, Eigenschaften, also Gottheiten, in Verbindung kommen kann. Gleichzeitig werden die dazugehörigen Siegelzeichen der göttlichen Ideen preisgegeben, welche im rituellen

Zusammenhang mit den Mantrams stehen. Ein Buch, dass nicht nur die Hermetiker, sondern auch die Anhänger der Yogawissenschaften inspirieren wird!

*

Eine Sammlung der schönsten und lehrreichsten Beschwörungsgeschichten
Hohenstätten

Dieses Buch ist einzigartig, denn es zeigt den zweiten Band von Franz Bardon an Hand von interessanten Evokationsberichten, die genau das bestätigen, was Bardon in seinem Buch geschrieben hat, und noch darüber hinaus. Es werden sensationelle Erlebnisse geschildert, die man sonst niemals findet. Auch aus unveröffentlichten Schriften wird zitiert.

*

Verkörperungen des Meister Arion
Hohenstätten

Man wird beim Lesen dieses Buches nicht glauben, wie viele bekannte und unbekannte Inkarnationen Franz Bardon hatte. Die paar, die im „Frabato" bekannt gegeben wurden, stellen nur einen geringen Teil seiner Verkörperungen dar. Wir mussten, da es dermaßen wenig Literatur über die Verkörperungen gab, wieder hunderte und aberhunderte von Büchern, Aufsätzen, Zeitschriften und Artikeln durcharbeiten, bis wir genügend Material für dieses Buch hatten. Aber der Leser wird sich beim Lesen sicherlich über unsere Arbeit freuen, denn sie wird ihn in Erstaunen versetzen!

*

Shamballa, der goldene Tempel des Lichts
Hohenstätten

Dieser Tempel dürfte jeden Leser von Bardons Roman „Frabato" fasziniert haben. Dass es aber in der okkulten Literatur noch viel mehr Informationen darüber gibt, die man aber nur findet, wenn man alles Veröffentlichte gelesen hat, dürfte dem einen oder anderen unbekannt sein. Es wurden wieder ganze Stöße von Büchern durchgesehen und das Ergebnis wird hier veröffentlicht. Es wird aber gleichzeitig darauf hingewiesen, wie viel Schundliteratur es darüber gibt, wie viel Lügen im Umlauf sind, damit sich der Schüler der Hermetik ein klares Bild machen kann. Wir bringen in diesem Buch alles, was wir an Material darüber gefunden haben und es wird auch noch einiges aus der eigenen Erfahrung, was das Wertvollste ist, mitgeteilt. Nicht nur über den Tempel wird berichtet, sondern auch über die damit verbundene „Bruderschaft des Lichts", dessen Sitz er darstellt.

*

Auf der Suche nach Meister Arion
Hohenstätten

Diese Autobiographie eines Schüler der Hermetik des Franz Bardon schildert sein magische Leben, in welcher zahlreiche Erfahrungen zu den Übungen aus dem Adepten geschildert werden, die die Hauptperson selbst erlebt hat. Es wird der schwere Weg des Adepten aus autobiographischer Sicht gezeigt, seine vielen Tiefschläge, aber auch seine glanzvollen Seiten und Zeiten. Der harte Kampf mit dem Seelenspiegel wird bis in alle Einzelheiten aufgezeigt, genauso wie die vielen anderen Wege, in welche der Autor reinschnupperte, um dadurch reichlich Erfahrung sammeln zu können. Darüber hinaus enthält es unzählige Erfahrungen und Berichte betreffs Mantramistik nach Bardon, die wahre Runenmagie, zahlreiche Evokationen sowie Invokationen mit seinem Lehrer Anion, einen magischen Exorzismus, wie er bisher noch nie öffentlich geschildert wurde. Mentalreisen, Beeinflussungen, Übungen zur Gottverbundenheit, Erscheinungen, Alchemie, Heilungen mit den verschiedensten magischen Methoden z. B. Quabbalah oder durch die Elemente, Schutzgeistevokationen und viele andere magische „Wunder" seines Freundes und Lehrers Anion. Auch einige magische Fotos in Farbe, ein bisher von Bardon unveröffentlichtes Akashafoto von Christus und ein Bild des schwebenden Meister Arion werden in diesem Buch preisgegeben. Der Inhalt ist viel reichlicher, als hier kurz beschrieben werden kann.

*

Magisches Gleichgewicht
Hohenstätten

Dieses Buch zeigt eindeutig, dass in allen anderen Systemen das „Gleichgewicht" genauso gebraucht wird, wie bei Bardons Werken. Er war nicht der Einzige, der das erwähnte, aber er war der erste, welche es deutlich erklärte, denn die anderen Systeme sprachen nur durch das Symbol, welches nicht jedem Leser verständlich war. Obendrein bringen wir noch Unveröffentlichtes vom Meister Arion zu dieser Grundlage der magischen Entwicklung.

*

Das Leben und die Erfahrungen eines wahren Hermetikers
Seila Orienta

Diese Autobiographie eines Magiers ist unübertroffen, denn bis jetzt hat kein einziger, okkult Geschulter, so offen und ehrlich gesprochen wie Seila Orienta. Er gibt in diesem Werk sein Leben bekannt, sowie seine zahlreichen und äußerst interessanten Erlebnisse und Erfahrungen. Es werden auch zum ersten Mal Fotos von Wesen der Sphären gezeigt, welche Franz Bardon höchstpersönlich in den 20ern gemacht hat. Des Weiteren schreibt Seila Orienta über die Sphären, über Dämonen, Logenkontakte und vieles, vieles mehr, was einem ehrlich strebenden Hermetiker das Herz übergehen lassen wird.

*

Das Leben des Franz Bardon
Hohenstätten

Dieses Buch beschreibt das Leben des Meisters außerhalb des Frabatos, welches seine Sekretärin – Otti V. – geschrieben hat. Es beinhaltet Erklärungen zu seiner „Biografie", weitere Einzelheiten über den Kampf mit der FOGC, seine Beziehung zu Wilhelm Quintscher und anderen Okkultisten, was alles bisher unbekannt war! Des Weiteren werden viele Erlebnisse seiner Schüler in Prag erzählt, verschiedene magische Leistungen und interessante Geschichten Bardons beschrieben, die bis dato unveröffentlicht sind. Es werden auch seine drei Lehrwerke und deren Wirkung auf die Öffentlichkeit von einem anderen, unbekannten Standpunkt geschildert, welcher durch bisher schwer zugänglichen Schriften unterstützt wird. Als Krönung wird seine aus dem tschechischen übersetzte „Runenschrift" zum ersten Mal veröffentlicht. Auch einige Seiten aus anderen unveröffentlichten Schriften von ihm sowie interessante Fotos des Meister Bardon und seiner Freunde werden hier preisgegeben und vieles, vieles mehr.

*

In Verbindung mit der Gottheit
Hohenstätten

Über das Thema der Gottverbundenheit mit all seinen Formen und

Methoden wurde bis heute noch nie ein Buch verfasst geschweige denn eine Schrift geschrieben. Man findet in der okkulten wie in der östlichen Literatur nur spärliche Hinweise, die größtenteils verschlüsselt sind oder so geschrieben wurden, dass man sie kaum versteht. Im Gegensatz dazu wird in diesem Buch offen dargelegt, dass das 1. kleine Arkanum der 78 Tarotkarten die Gottverbundenheit in ihrer Reinform darstellt.

*

Hermetische Heilmethoden
Hohenstätten

Dieses Buch stellt in der okkulten Literatur ein absolutes Unikum dar, denn über die Gesamtheit der okkulten Heilmethoden wurde bis jetzt noch NIE etwas Sinnvolles geschrieben. Es werden alle Heilmethoden erwähnt, die der hermetische Schüler mit Hilfe seiner bisher erlangten Konzentrationsfähigkeit ausüben und verwenden kann.

*

Erste hermetische Zeitschrift

„Der hermetische Bund teilt mit" ist eine der wenigen magisch-mystischen Zeitschriften, welche sich soweit als möglich auf die universelle Lehre von Franz Bardon bezieht. Sie versucht sich an die Gesetze des 4-poligen Magneten zu halten und vermittelt Wissen sowie Hinweise für die Praxis, damit der Leser die Möglichkeit hat, sie in seinen hermetischen Weg aufzunehmen und für sich gewinnbringend zu verarbeiten.

Noch viel mehr hermetische Literatur finden Sie auf unserer Website: http://www.hermetischer-bund.com.

Viel Vergnügen beim Stöbern!

Der Verlag